Impressum
Verlag: BABADADA GmbH, Nedderfeld 112 , 22529 Hamburg
Geschäftsführer / Verlagsleitung: Harald Hof
Druck: Books on Demand GmbH, In de Tarpen 42, 22848 Norderstedt

Imprint
Publisher: BABADADA GmbH, Nedderfeld 112 , 22529 Hamburg, Germany
Managing Director / Publishing direction: Harald Hof
Print: Books on Demand GmbH, In de Tarpen 42, 22848 Norderstedt

shule

ښوونځی

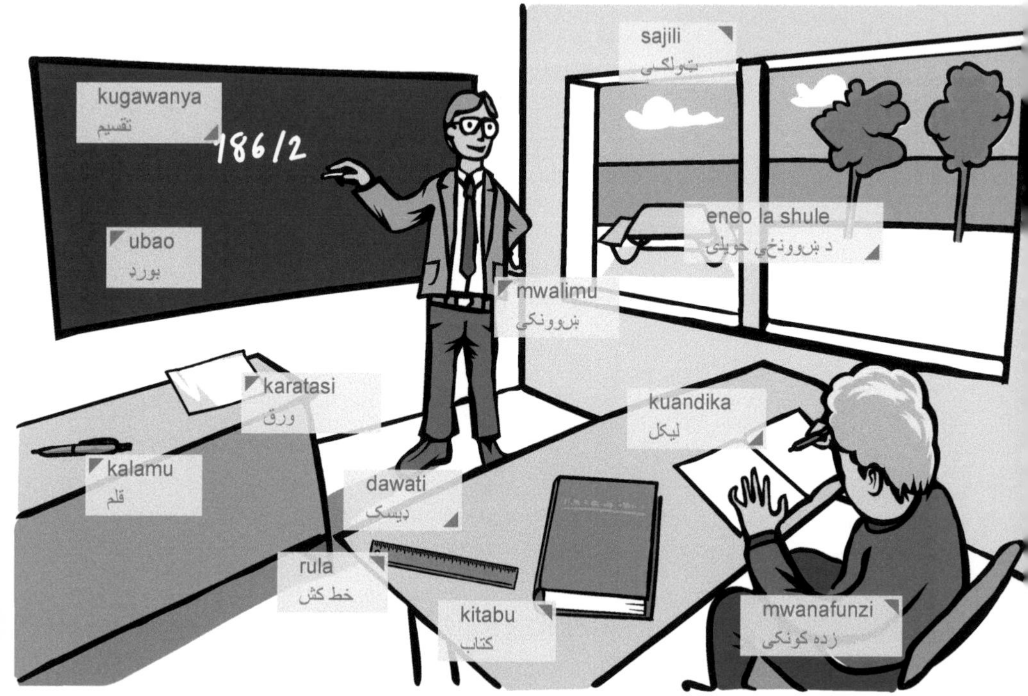

sajili
ټولګی
kugawanya
تقسیم
186/2
ubao
بورډ
eneo la shule
د ښوونځي حویلی
mwalimu
ښوونکی
karatasi
ورق
kuandika
لیکل
kalamu
قلم
dawati
ډیسک
rula
خط کش
kitabu
کتاب
mwanafunzi
زده کونکی

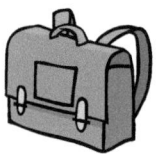

mkoba

کڅوړه

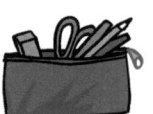

kikasha cha penseli

د پنسل بکسه

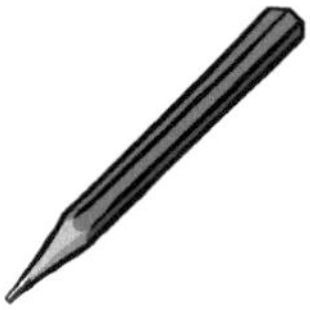

penseli

پنسل

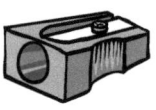

kichonga penseli

پنسل تراش

mpira

ربړ

pedi ya kuchora

د رسامی پاڼه

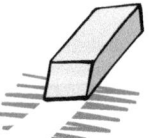

uchoraji

رسامي

brashi ya rangi

د نقاشی برس

sanduku la rangi

د نقاشی بکس

mkasi

قیچي

gundi

سریش

daftari

د تمرین کتاب

kazi ya nyumbani

کورنی دنده

12

nambari

شمیر

2+2

jumlisha

جمع

5-2

ondoa

منفي

2×2

zidisha

ضرب

kokotoa

حساب

A

barua

توری

ABCDEFG HIJKLMN OPQRSTU VWXYZ

alfabeti

الفبا

hello

neno

کلمه

maandishi

متن

kusoma

لوستل

chaki

تباشير

somo

درس

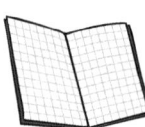

sajili

راجستر

uchunguzi

ازموينه

cheti

تصديق پاڼه

sare za shule

د ښوونځي يونيفارم

elimu

تعليم

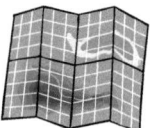

elezo

دايره المعارف

chuo kikuu

پوهنتون

darubini

مايكروسكوپ

ramani

نقشه

kikapu cha kuweka karatasi chafu

اشغالدانی

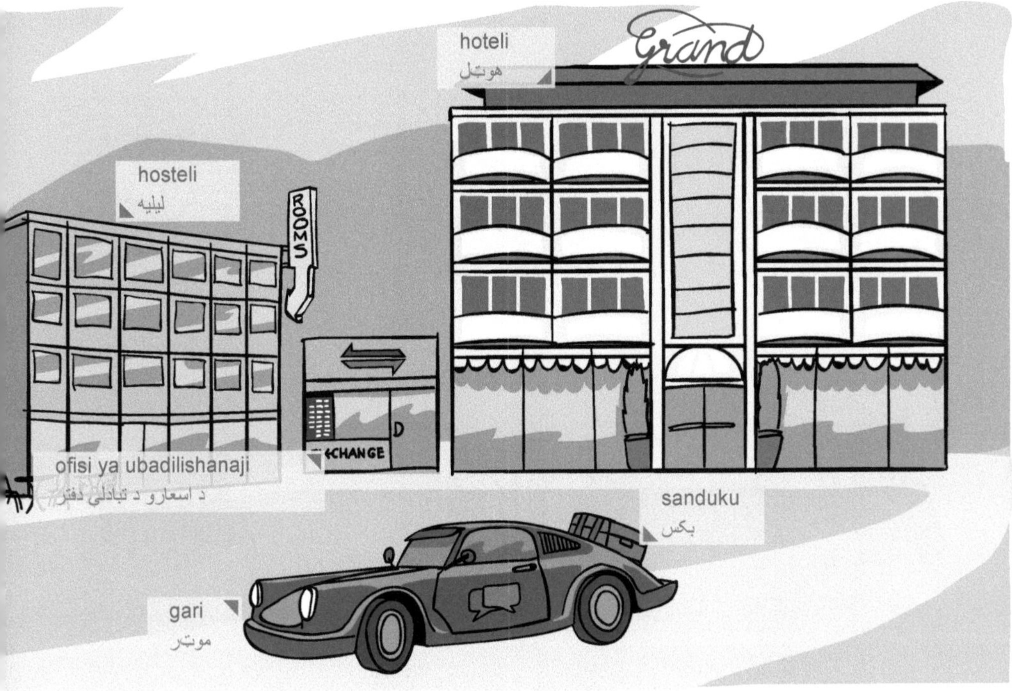
hoteli
هوټل
Grand
hosteli
ليليه
ROOMS
EXCHANGE
ofisi ya ubadilishanaji
د اسعارو د تبادلې دفتر
sanduku
بکس
gari
موټر

lugha
ژبه

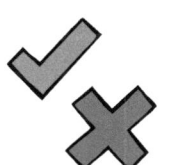

ndiyo / la
هو/نه

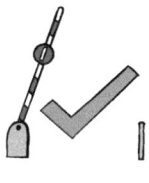

sawa
سمه ده

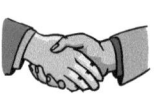

hujambo
سلام

mtafsiri
ژباړونکی

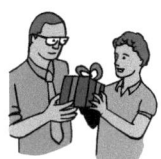

Asante
مننه

kiasi gani ni ...?

څومره دي ...؟

Sielewi

زه نه پوهېږم

tatizo

ستونزه

Jioni njema!

ماښام مو پخير!

Habari za asubuhi!

سهار په خير!

Usiku mwema!

شپه په خير!

kwa heri

په مخه مو ښه

mwelekeo

لارښود

mizigo

سامان

mfuko

بيک

shanta

شاتنۍ بکس

mgeni

ميلمه

chumba

خونه

begi la kulalia

د خوب کڅوړه

hema

خيمه

taarifa ya utalii

د توريزم معلومات

ufuo

ساحل

kadi

کریدیټ کارت

kifunguakinywa

ناری

chakula cha mchana

د غرمی خواړه

chakula cha jioni

د ښپی خواړه

tiketi

ټیکټ

kuinua

لفټ

muhuri

مهر

mpaka

پوله

mila

ګمرک

ubalozi

سفارت

visa

ویزه

pasipoti

پاسپورټ

usafiri
ټرانسپورټ

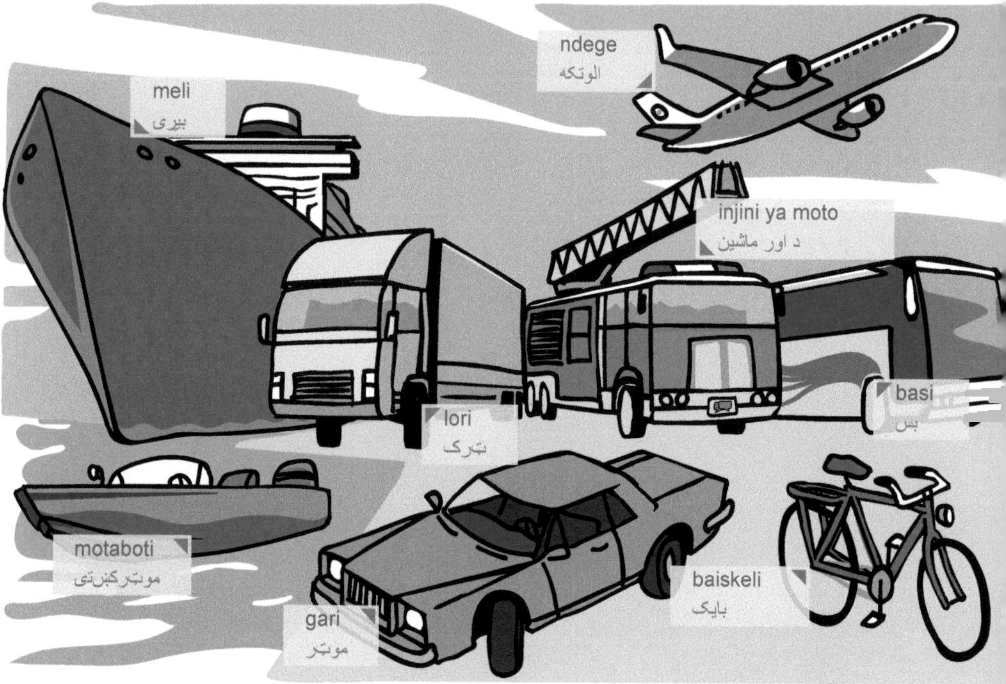
ndege
الوتکه
meli
بیړۍ
injini ya moto
د اور ماشین
basi
بس
lori
ټرک
motaboti
موټرکښتۍ
baiskeli
بایک
gari
موټر

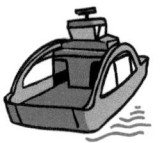

feri
کښتۍ

mashua
کښتۍ

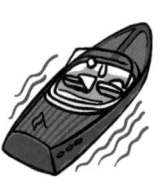

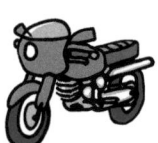

pikipiki
موټرسایکل

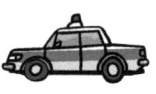

gari la polisi
د پولیسو موټر

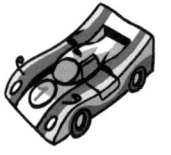

gari la mashindano
د ریس موټر

gari la kukodisha
کرایي موټر

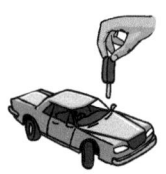

kushiriki gari

د کرایه موټری

lori la kuvuta

جرثقیل لرونکی ټرک

ukusanyaji taka

ریفیوز ټرک

motor

موټر

mafuta

سونګ ټوکي

kituo cha mafuta

پټرول سټیشن

ishara trafiki

ترافیکي نښه

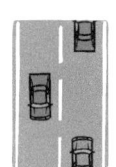

trafiki

ترافیک

msongamano

جام ترافیک

maegesho

د موټرو تمځای

kituo cha treni

د ریل سټیشن

reli

پاټکي

garimoshi

ریل

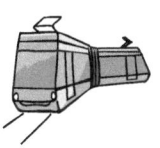

tremu

ټرام

gari la mizigo

واګون

helikopta

چورلکه

uwanja wa ndege

هوايي ډگر

mnara

برج

abiria

مسافر

chombo

کانتينر

katoni

کارتون

mkokoteni

کارت

kikapu

ټوکری

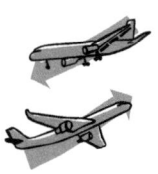

ondoka

الوتنه کوۍ/کښيناستل

jiji

ښار

kijiji

کلی

katikati ya jiji

د ښار مرکز

nyumba

کور

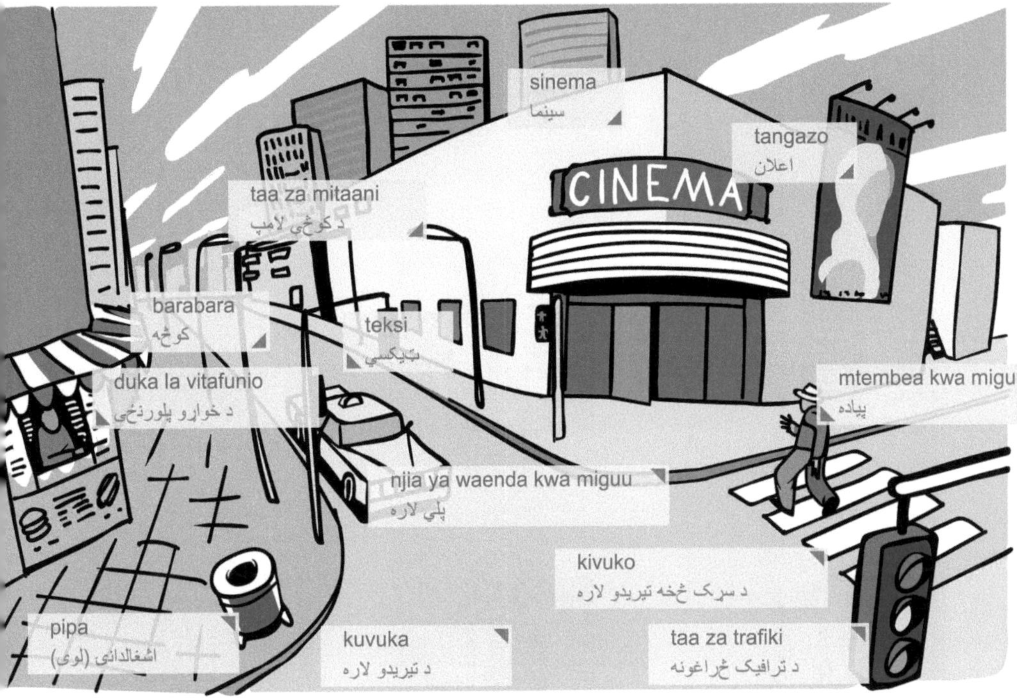

sinema
سینما

tangazo
اعلان

taa za mitaani
د کوڅې لامپ

barabara
کوڅه

teksi
ټیکسی

duka la vitafunio
د خوارو پلورنځی

mtembea kwa miguu
پیاده

njia ya waenda kwa miguu
پلي لاره

kivuko
د سرک څخه تیریدو لاره

pipa
اشغالدانۍ (لوی)

kuvuka
د تیریدو لاره

taa za trafiki
د ترافیک څراغونه

kibanda
کوډله

gorofa
اپارتمان

kituo cha treni
د ریل سټیشن

ukumbi wa mji
ټاون هال

Makavazi
میوزیم

shule
ښوونځی

chuo kikuu

پوهنتون

benki

بانک

hospitali

روغتون

hoteli

هوټل

duka la dawa

درملتون

ofisi

دفتر

duka la kitabu

کتاب پلورنځی

duka

پلورنځی

duka la maua

د ګلانو پلورنځی

dukakuu

لوی پلورنځی

soko

مارکیټ

idara ya kuhifadhi

د ډيپارټمنټ سټور

mwuza samaki

کب پلورنځی

kituo cha ununuzi

د پلور مرکز

bandari

لنګرتون

Hifadhi

پارک

benki

بينچ

daraja

پل

vidato

زينه

chini ya ardhi

د ځمکی لاندي

handaki

تونل

kituo cha mabasi

بس تمځای

bar

بار

mgahawa

ريستورانت

sanduku la posta

پوست بکس

ishara ya barabara

د کوڅی نښه

mita ya maegesho

د پارک کولو ميتر

bustani ya wanyama

ژوبڼ

kidimbwi cha kuogelea

د لامبو حوض

msikiti

مسجد

shamba

كرونده

uchafuzi

ناپاكي

makaburini

هديره

kanisa

چرچ

uwanja wa michezo

د لوبو ډګر

hekalu

معبد/كليسا

mazingira

منظره

![landscape scene]

jani
پانه

ishara ya mwelekeo
د لارښوونې نښه

njia
لاره

malisho
چمن

jiwe
كانۍ

mtembeaji wa masafa
هيكر

mti
ونه

mto
سيند

nyasi
واښه

ua
ګل

bonde

دره

kilima

غوندی

ziwa

ناور

msitu

ځنګل

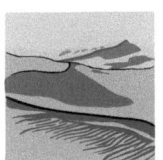

jangwa

دشته

volkano

اورشيندی

ngome

کلا

upinde wa mvua

رنګين کمان

uyoga

مرخيړي

mtende

پلم ونه

mbu

ماشي

kuruka

الوتل

chungu

ميږی

nyuki

مچی

buibui

غوندل/جولا

mende

کونگت

chura

چونگښه

kuchakuro

نولی

nungunungu

زیرکی

sungura

سوی

bundi

کونگ

ndege

مرغی

swan

قازه

nguruwe mwitu

نرخوک

kulungu

هوسی

aina ya kongoni

گاوزه

bwawa

بند

tabo ya upepo

بادي توربين

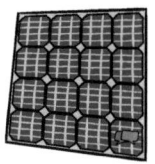

nishaji ya jua

سولر تختی

hali ya hewa

اقلیم

mhudumu
پیشخدمت

menyu
مینو

kiti
چوکی

supu
سوپ

piza
پیزا

vilia
برښاخی، چاقو، کاشوغه

kitambaa cha mezani
د میز تـوتـه

kiamsha hamu
ستارتر

kozi kuu
اصلي خواره

kitindamlo
شیرني

vinywaji
څښاک

chakula
خواره

chupa
بوتل

chakula cha haraka

فاسټ فوډ

Streetfood

د کوڅي خواره

buli

چای جوش

kisanduku cha sukari

قنددانی

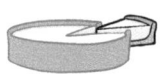

sehemu

برخه

mashine ya espresso

اسپرسو مشین

kiti kirefu

لوړه چوکی

muswada

رسید

trei

مجمه

kisu

چاکو

uma

پنجه

kijiko

قاشق

kijiko cha chai

چای قاشق

nepi

سورویت

glasi

کلاس

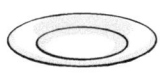

sahani

پلیټ

sahani ya supu

د سوپ پلیټ

sufuria

نالبکی

mchuzi

ساس

kichanyaji chumvi

مالګه شیندونکی

kinu cha pilipili

د مرچ ټکولو لوخی

siki

سرکه

mafuta

غوړي

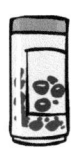

viungo

مساله

kechapu

کچ اپ

haradali

شرشم

kachumbari nzito

چکه

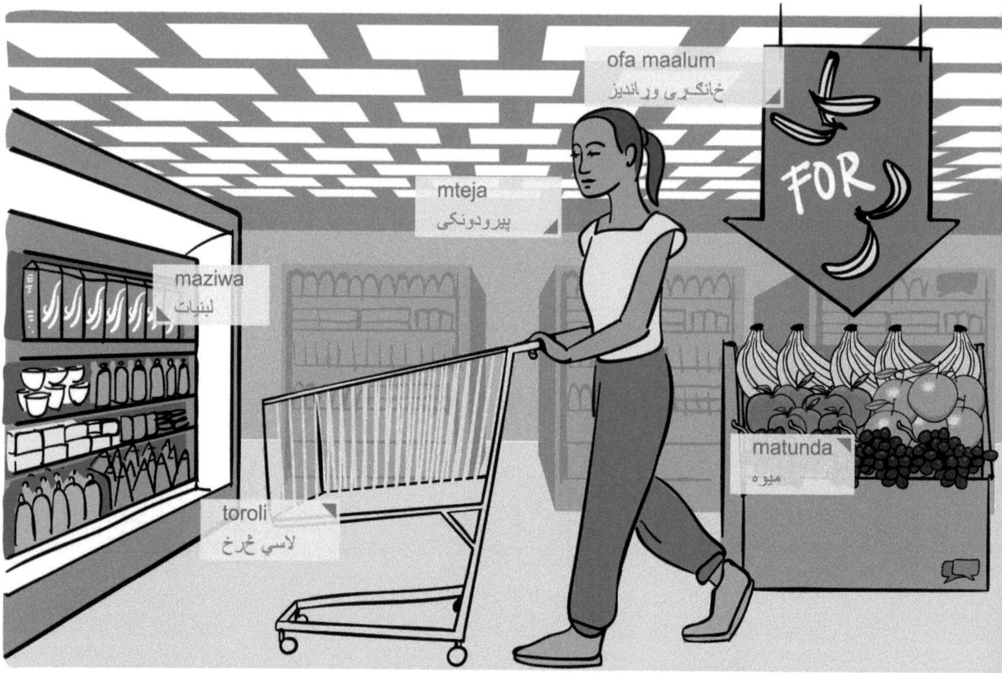

ofa maalum
خانګړی وړاندیز
FOR
mteja
پیرودونکی
maziwa
لبنیات
matunda
میوه
toroli
لاسي ګرځ

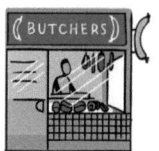

BUTCHERS

mchinjaji

قصابي

BAKERY

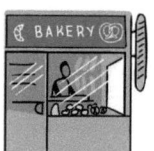

mwokaji

نانوایی

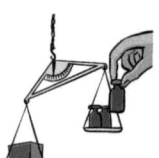

uzito

وزن کول

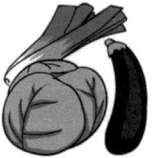

mboga

سبزیجات

nyama

غوښه

chakula waliohifadhiwa

کنګل خواړه

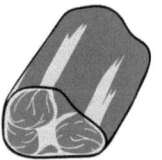

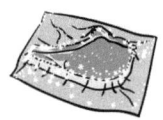

pande vya nyama baridi

يخه غوښه

chakula cha kopo

کنسروا خواړه

sabuni ya unga

د مينځلو پوډر

pipi

شيريني

bidhaa za kaya

کورني توليدات

bidhaa za kusafisha

د پاکولو محصولات

mtu mauzo

د پلور فرد

mpaka

د نغدي راجستر

keshia

صراف

orodha ya manunuzi

د پيرود ليست

masaa ya ufunguzi

کاري ساعتونه

mkoba

بټوه

kadi

کريډيټ کارت

mfuko

کڅوړه

mfuko wa plastiki

پلاستيک کڅوړه

maji

اوبه

sharubati

جوس

maziwa

شيده

coke

کوک

mvinyo

واين

bia

بير

pombe

الکول

kakao

ککاو

chai

چای

kahawa

کافي

spreso

اسپرسو

kapuchino

کپچينو

ndizi

کیله

tufaha

منه

machungwa

نارنج

tikiti

هندوانه

lemon

لیمو

karoti

گازره

kitunguu saumu

هوږه

mianzi

بانکس

kitunguu

پیاز

uyoga

مرخیړی

karanga

چغزی

nudo

آش

spageti

سپيگټي

mpunga

وريجي

saladi

سلاد

vibanzi

چپس

viazi vya kukaanga

سره کړي کچالو

piza

پيزا

hambaga

همبرګر

sandwichi

ساندويچ

kipande

کتره

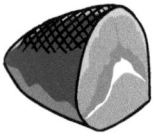

paja la mnyama

د پټون غوښه

salami

سلمي

soseji

ساسچ

kuku

چرګ

choma

روسټ

samaki

کب

oats ya uji

د وربشي شيرنۍ

muesli

موسلي

cornflakes

د جوار پلی

unga

اوړه

kroisanti

کروسانت

andazi

د ډوډۍ رول

mkate

ډوډۍ

mkate wa kubanika

ټوسټ

biskuti

بسکیت

siagi

کوچ

maziwa mgando

چکه

keki

کیک

yai

هګۍ

yai kukaanga

پښې هګۍ

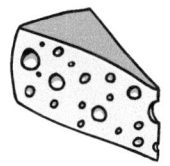

jibini

پنیر

aiskrimu

آیس کریم

sukari

بوره

asali

شهد

jemu

مربا

kuenea kwa chokoleti

نوگات کریم

mchuzi wa viungo

کورکمان

nyumba ya kilimo
د کروندي خونه

ghalani
غوجل

majani bale
د بوسو گيډی

uwanja
ځمکه

farasi
اس

trela
لاس ګاډی

trekta
تريکټر

mtoto
کوچنی اس

punda
خر

kondoo
پسه

mwanakondoo
ورى

mbuzi

وزه

ng'ombe

غوا

ndama

خوسکی

nguruwe

خوگ

mwananguruwe

د خوگ بچی

fahali

غویی

batabukini

بتہ

bata

هیلی

kifaranga

چرګوړی

kuku

چرګه

jogoo

بانګي

panya

سارای موږک

paka

پيشک

panya

موږک

ng'ombe

غویی

mbwa

سپی

nyumba ya mbwa

د سپي خونه

bomba la bustani

د باغ هوز

debe la kumwagilia maji

د اوبو لوخی

fyekeo

لور (داس)

kulima

یوی

mundu

لور

jembe

رمبی

uma wa nyasi

بڼاخی

shoka

تبر

toroli

کراچی

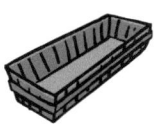

kupitia nyimbo

ناوه

chombo cha maziwa

د شیدو لوخی

gunia

جوال

ua

کتاره

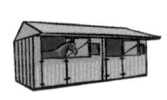

imara

مضبوط

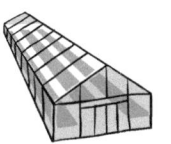

chafu

ښنه خونه

udongo

خاوره

mbegu

تخم

mbolea

سره/کود

kivunaji

کد ريونکی ماشين

mavuno

زيرمه كول

mavuno

درمند

viazi vikuu

خواره كچالو

ngano

غنم

soya

سويا

viazi

كچالو

mahindi

جوار

rapa

نباتي تخم

mti wa matunda

د ميوي ونه

muhogo

مانيوك

nafaka

غله

nyumba
کور

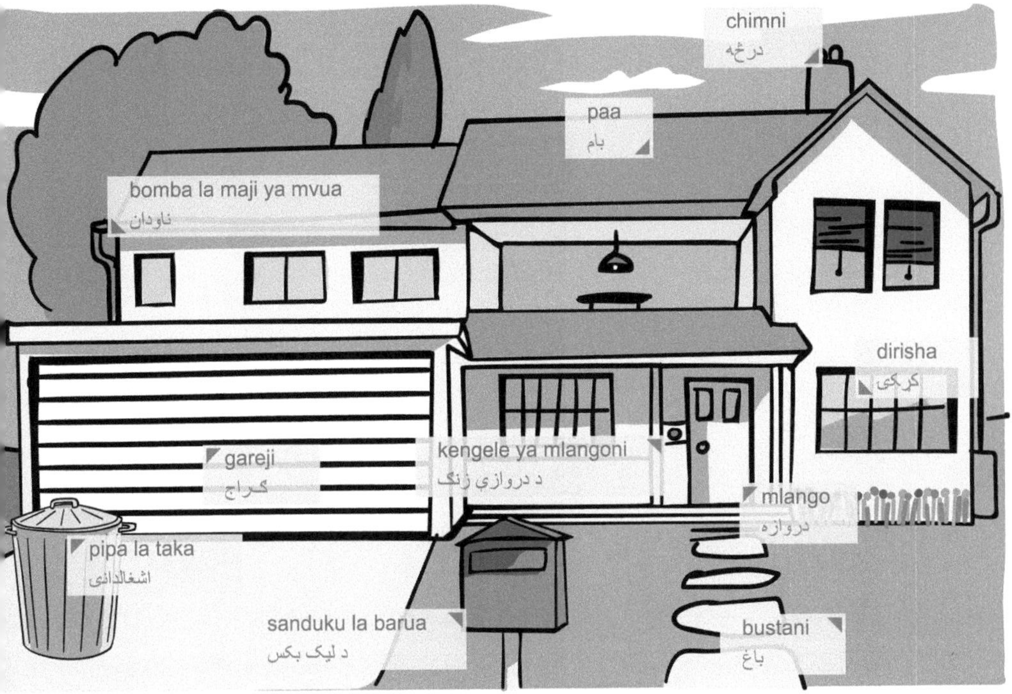
chimni
درځه
paa
بام
bomba la maji ya mvua
ناودان
dirisha
کړکۍ
gareji
ګراج
kengele ya mlangoni
د دروازې زنګ
mlango
دروازه
pipa la taka
اشغالدانی
sanduku la barua
د لیک بکس
bustani
باغ

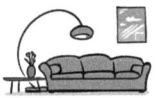

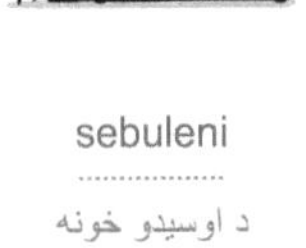

sebuleni
د اوسیدو خونه

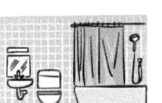

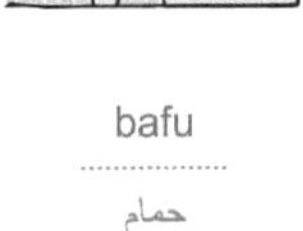

bafu
حمام

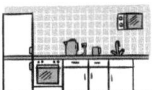

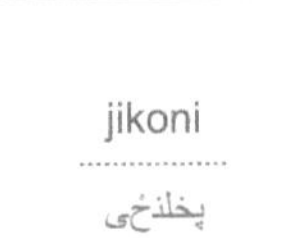

jikoni
پخلنځی

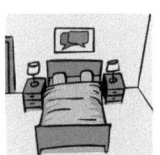

chumba cha kulala
د ویده کیدو خونه

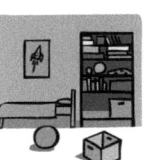

chumba ya mtoto
د ماشوم خونه

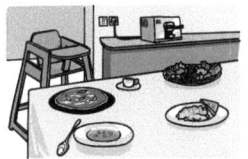

chumba cha kulia
د خوارو خونه

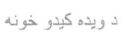

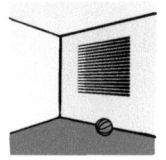

sakafu

فرش

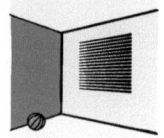

ukuta

دیوال

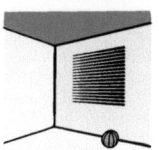

dari

چت

pishi

زیرخانه

sauna

سونا

roshani

بالکوني

mtaro

بتراس

kidimbwi

حوض

mashine ya kukata nyasi

د چمن وهلو ماشین

karatasi

شیټ

kitambaa cha kupamba kitanda

روجايي

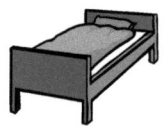

kitanda

تخت

ufagio

جارو

ndoo

بوکه

kubadili

سویچ

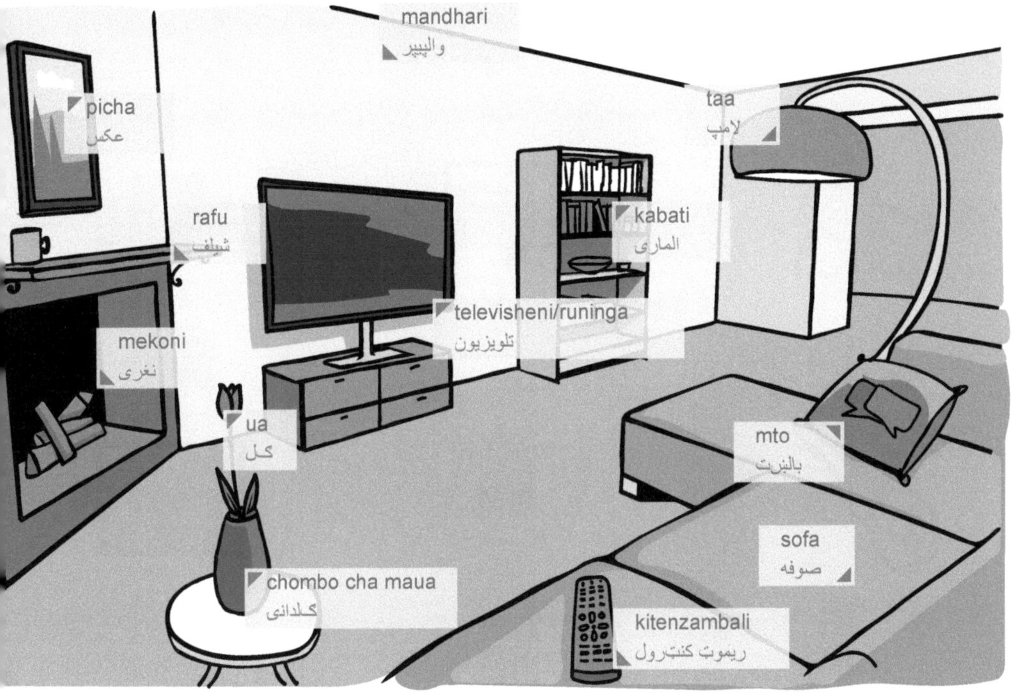

mandhari
والپیپر

picha
عکس

taa
لامپ

rafu
شیلف

kabati
الماری

televisheni/runinga
تلویزیون

mekoni
نغری

ua
ګل

mto
بالښت

sofa
صوفه

chombo cha maua
ګلدانی

kitenzambali
ریموټ کنټرول

zulia

غالی

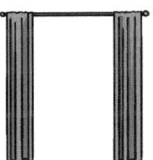

pazia

پرده

meza

میز

kiti

چوکی

kiti cha bembea

تاویدونکې چوکی

armchair

بازو لرونکې چوکی

kitabu

کتاب

blanketi

کمبل

mapambo

دیکوریشن

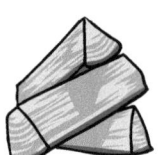

kuni

د اور لرګي

filamu

فلم

kifaa cha hi-fi

هایفای

ufunguo

کلي

gazeti

ورځپاڼه

uchoraji

نقاشي

bango

پوسټر

redio

راديو

daftari

کتابچه

kifyonza

واکیوم جارو

dungusi kakati

کاکتوس

mshumaa

شمع

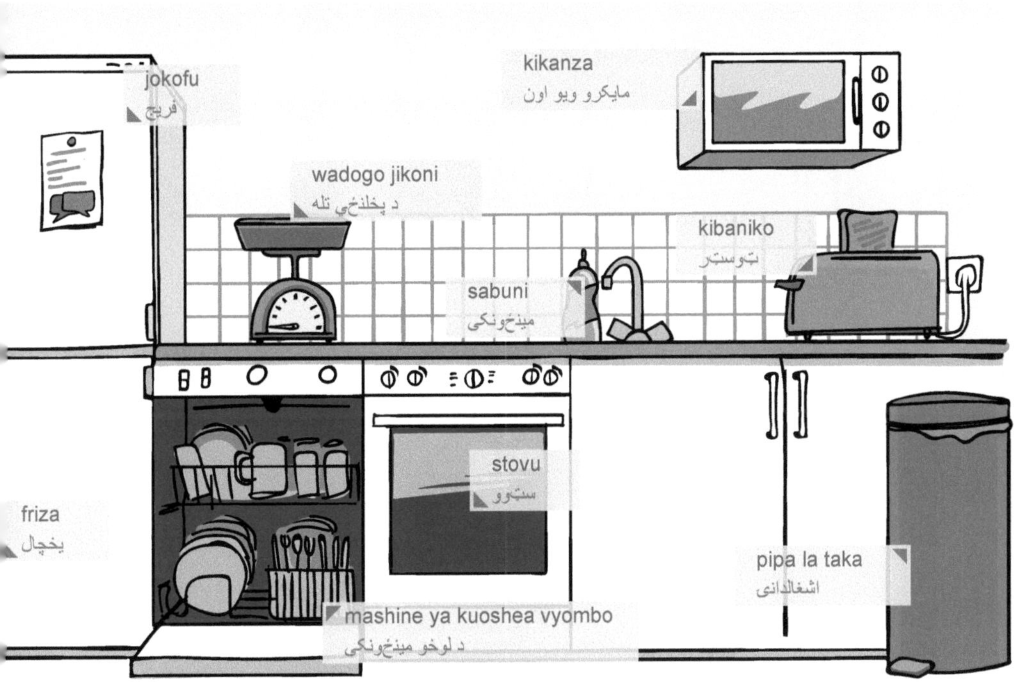

kikanza
مايکرو ويو اون

jokofu
فريج

wadogo jikoni
د پخلنځي تله

kibaniko
نتوسټر

sabuni
مينځونکی

friza
یخچال

stovu
سټوو

pipa la taka
اشغالدانی

mashine ya kuoshea vyombo
د لوخو مینځونکی

jiko la kupika

ديگ بخار

chungu

لوخی

sufuria ya chuma

چدني لوخی

wok / kadai

ووک

kaango

د تلي په

birika

چای جوش

stima

د بخار ديگ

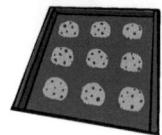

sinia ya kuoka

پتنوس

vyombo vya udongo

لوخي

kombe

مگ

bakuli

کاسه

vijiti vya kulia

د رانيولو اوزار

ukawa

ټومڅی

mwiko mpana

کفکير

burashi

پاکونکی

kichujio

صافي

chujio

غلبيل

mbuzi

کريتر

chokaa

اونگ

barbeque

بار بي کيو

moto wazi

خلاص اور

ubao wa majaribio

تخته

kijiti cha kusukuma unga

هواورنکی

kizibuo

کارک سکریو

kopo

تيم

inaweza kopo

د تيم خلاصونکی

kishikio cha chungu

د لوخي تونته

karo

ظرف شوی

brashi

برس

sifongo

سپنج

kisagaji matunda

بليندر

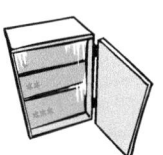

friji ya kina

ژور يخچال

chupa ya mtoto

د ماشوم بوتل

bomba

نل

joto
تودول

mfereji wa kuogea
شاور

taulo
جان پاک

pazia la kuogea
د شاور پرده

maji ya kuoga yenye povu
بیل حمام

hodhi
د حمام نتب

glasi
گلاس

mashine ya kuosha
د مینځلو مشین

vigae
ټایلونه

bomba
نل

poti
یو دول کمود

karo
ظرف شوی

choo

تشناب

choo cha squat

فرشي کمود

beseni la mviringo

کمود

choo cha umma

د متیازو خای

shashi

تشناب کاغذ

brashi ya choo

د تشناب برس

mswaki

د غاښونو برس

dawa ya meno

د غاښونو کریم

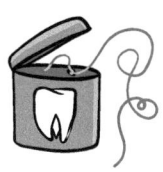

dawa ya meno

د غاښونو نخ

safisha

مينځل

kuoga mkono

لاسي شاور

msukumo wa maji

دوش

bonde

خانک

mpako wa pili

د شا برس

sabuni

صابون

jeli ya kuogea

د شاور ژل

shampuu

شامپو

flana

فلانل جامه

toa maji

وچول

krimu

کریم

kiondoa harufu

سپری

kioo

آینه

kioo mkono

لاسي آینه

kinyozi

ریزر

povu la kunyoa

د خریلو فوم

baada ya kunyoa

د خریلو وروسته

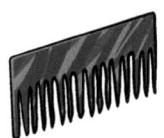

kichana

ګمنځ

brashi

برس

kikausha nywele

د ویښتانو وچونکی

marashi ya nyewele

د ویښتانو سپری

vipodozi

میک اپ

kidomwa

لیپ ستیک

varnish ya msumari

د نوکانو پالش

pamba

کاټن وړی

mkasi wa kucha

ناخن ګیر

manukato

عطر

mkoba wa kuosha

د مینځلو کڅوړه

kinyesi

سټول

mizani

د وزن کولو تله

nguo ya kuoga

د حمام پوښاک

glavu za mpira

د ربړ دستکش

kisodo

ټامپون

sodo

صحیی جان پاک

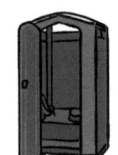

kemikali choo

کیمیکل تشناب

chumba ya mtoto

د ماشوم خونه

saa ya kengele
د الارم ساعت
kidoli cha kupakata
د لوبو وسایل
gari bandia
د نانځکي موټر
kelele
ریتل
chumba cha midoli
د نانځکو خونه
sasa
بالی

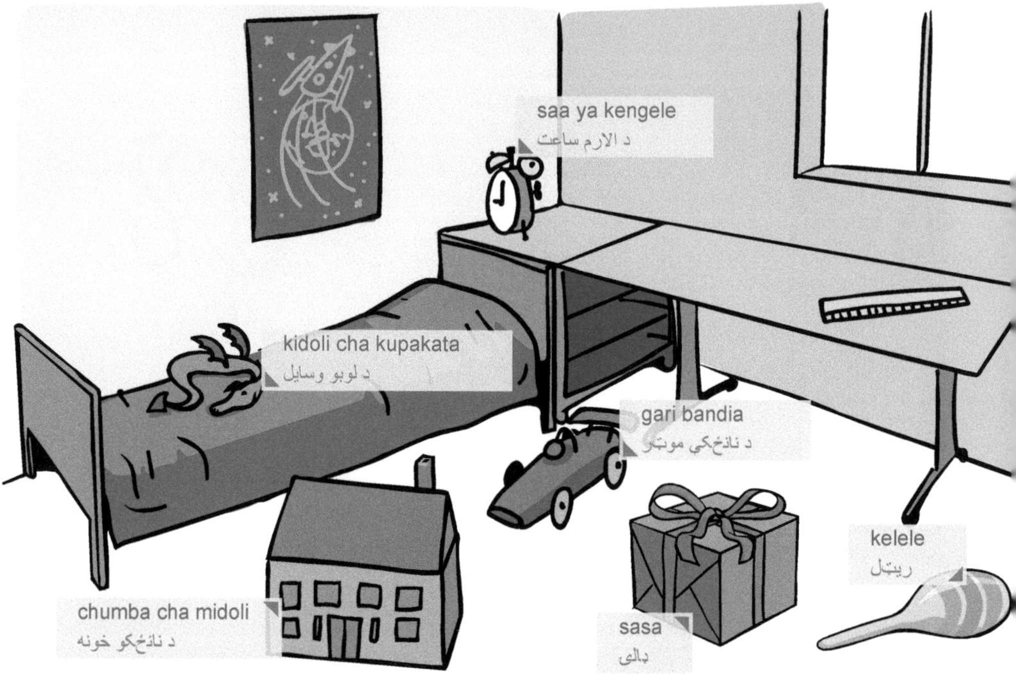

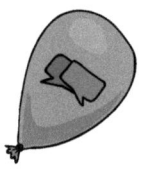

baluni

بالون

kitanda

تخت

mashua

کالسکه

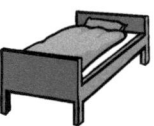

staha ya kadi

د لوبو ورقي

mchezo-fumb

جیکسا

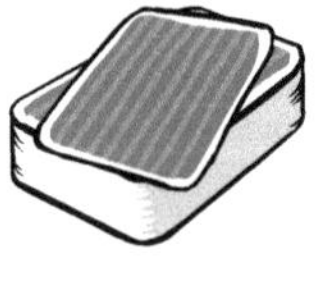

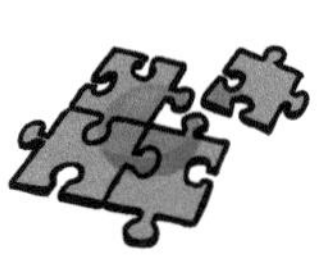

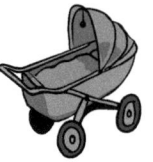

vichekesho

مسخره

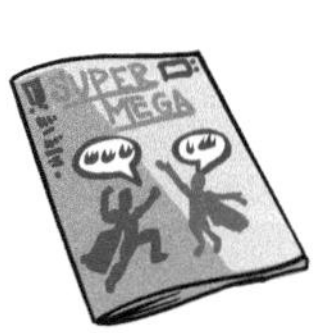

matofali lego

ليگو بريک

vitalu mwigo

د ناڅخكو بلاک

hatua takwimu

د اكشن فيگور

suti ya kulalia

د ماشوم پوښاک

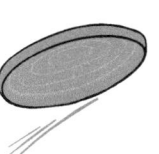

kisahani

فريزبي

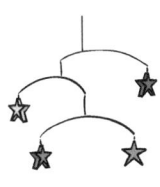

simu

موبايل

ubao wa michezo

بورد لوبه

kete

تاس

garimoshi mwigo

مادل ريل سيټ

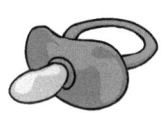

dummy

گونگشی

chama

پارتي

picha kitabu

د عکسونو البوم

mpira

بال

kikaragosi

ناڅخكه

kucheza

لوبيدل

shimo la mchanga

د شګو کنده

bembea

سوينګ

vitu bandia

نازخكي

kiweko cha video ya mchezo

د ويډيو لوبو كنسول

baiskeli ya magurudumu

نترای سايکل

matatu

mwanasesere

ګوډبکه

kabati

د كالو الماری

soksi

جرابي

stokingi

لوري جرابي

kibano

ټايټس

skafu
زروکی

mwavuli
چتری

fulana
نتهي شرت

ukanda
كمربند

viatu
بوتان

ndara
سلیپر

wakufunzi
سنیکر

malapa
سیندل

viatu
بوتان

mabuti ya mpira
د ربر بوتان

suruali ya ndani
زیرنیکري

sidiria
سینه بند

fulana
واسکټ

mwili

بادي

suruali

پتلون

dangirizi

جينز

sketi

لمن

blauzi

بلاوز

shati

شرٹ

vuta

بنيان

sweta

سويٹر

bleza

بليزر

jaketi

جاكٹ

koti

كوٹ

koti la mvua

د باران كوٹ

maleba

پوښاک

gauni

كالي

mavazi ya harusi

د واده پوښاک

suti

دريشي

vazi la usiku

د شپې پوښاک

pajama

پاجامه

sari

ساري

skafu

لوپټه

kilemba

پټکی

burka

برقه

kaftan

کفتن

abaya

عبا

vazi la kuogelea

د لامبو پوښاک

vazi la kiume la kuogelea

نيکر

kaptura

شاربت

teitei

د خځاستی پوښاک

aproni

پيش بند

glavu

دستکش

kifungo

بټن

glasi

عينک

bangili

لاس بند

mkufu

غاړه کۍ

pete

گوتمه

herini

غوږوالۍ

kofia

خولۍ

kiango cha koti

کوټ بند

kofia

خولۍ

tai

نېلۍ

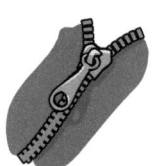

zipu

ځنځير

kofia

هیلمیت

kanda za suruali

ترونکۍ

sare za shule

د ښوونځي يونيفارم

sare

يونيفارم

bibu
....
بيب

dummy
....
گونگشی

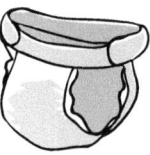

nepi
....
نيپي

seva
سرور

kabati la kuweka faili
د دوسيه الماری

kichapishaji
پرينتر

kiwambo
مانيتور

karatasi
ورق

dawati
ډيسک

kipanya
ماوس

folda
فولدر

kibodi
کي بورد

cha kuweka karatasi chafu

kiti
چوکی

kompyuta
کمپيوتر

kmobe la kahawa
....
د کافي پياله

kikokotoo
....
کالکوليتر

biashara
....
انترنيت

mbali

لپ تاپ

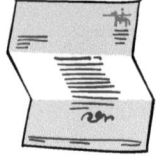

barua

لیک

ujumbe

پیغام

rununu

موبایل

intaneti

نیټورک

fotokopia

فوتوکاپیر

programu

سافتویر

simu

تلیفون

soketi

پلک ساکت

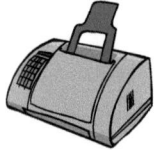

kipepesi

فکس مشین

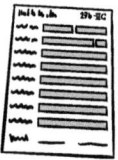

fomu

فارم

hati

سند

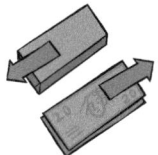

kununua

پیرل

kulipa

تادیه کول

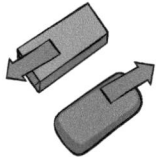

biashara

سوداكري كول

fedha

پیسی

dola

دالر

yuro

يورو

yeni

ین

rouble

ربل

faranga ya Uswisi

سويسي فرانک

renminbi yuan

رینمینبي یوان

rupia

روپۍ

eneo la kulipia

د نغدي پيسو خای

ofisi ya ubadilishanaji

د اسعارو د تبادلي دفتر

dhahabu

سره زر

fedha

سپین زر

mafuta

تیل

nishati

انرژي

bei

نرخ

mkataba

قرارداد

kodi

مالیه

bidhaa

اسهام

kazi

کار کول

mfanyakazi

کارمند

mwajiri

کار ګومارونکی

kiwanda

فابریکه

duka

پلورنځی

uchumi - اقتصاد

kazi
مسلکونه

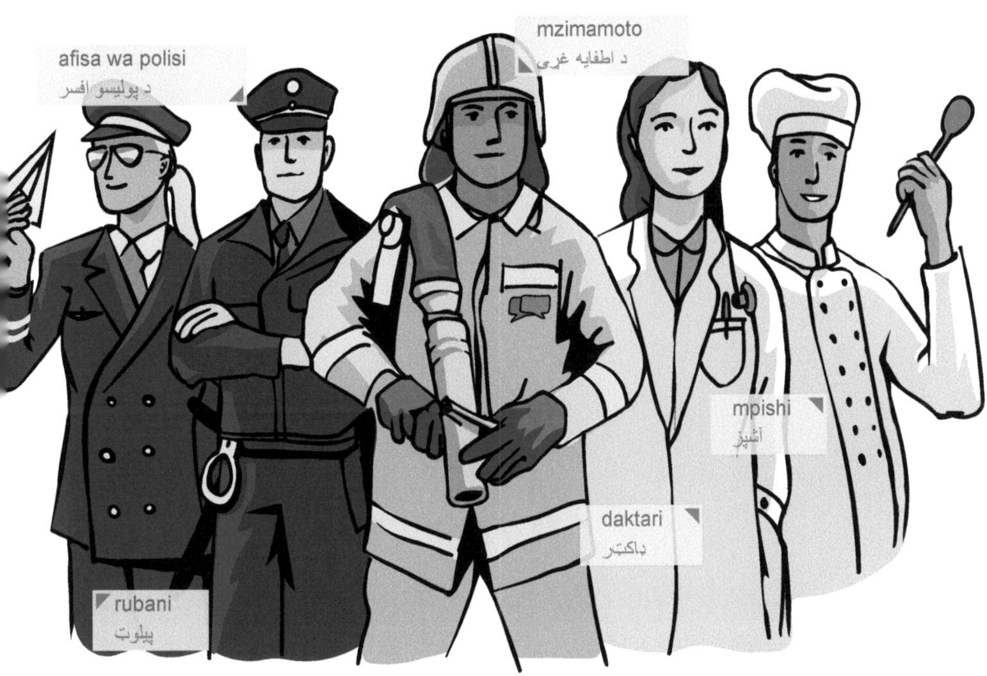

afisa wa polisi
د پولیسو افسر
mzimamoto
د اطفایه غړی
mpishi
آشپز
daktari
ډاکټر
rubani
پیلوټ

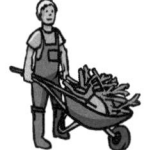

mtunza bustani

باغوان

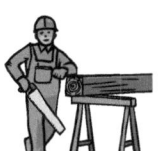

seremala

نجار

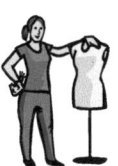

mshonaji

خياط

hakimu

قاضي

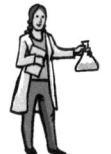

mwanakemia

کیمیا پوه

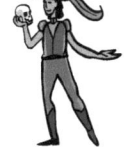

muigizaji

د فلم لوبغاړی

dereva wa basi

د بس ډرايور

dereva wa teksi

د ټيکسي ډرايور

mvuvi

کب نيونکی

mwanamke wa kusafisha

خدمه

mwezekaji

بام جوړونکی

mhudumu

پيشخدمت

mwindaji

ښکاري

mchoraji

نقاش

mwokaji

نانوا

umeme

د برښنا کارکونکی

mjenzi

تعمير جوړونکی

mhandisi

انجنير

mchinjaji

قصاب

fundi bomba

نلدوان

mwanaposta

پوست رسونکی

mwanajeshi

سرتیری

msanifu majengo

مهندس

keshia

صراف

muuza maua

مالیار

msusi

نایی

kondakta

کلیندر

mekanika

میکانیک

nahodha

کپتان

daktari wa meno

د غاښونو ډاکټر

mwanasayansi

ساینس پوه

rabbi

بن‌غاغلی

imamu

امام

mtawa

مذهبي نفر

kasisi

پادري

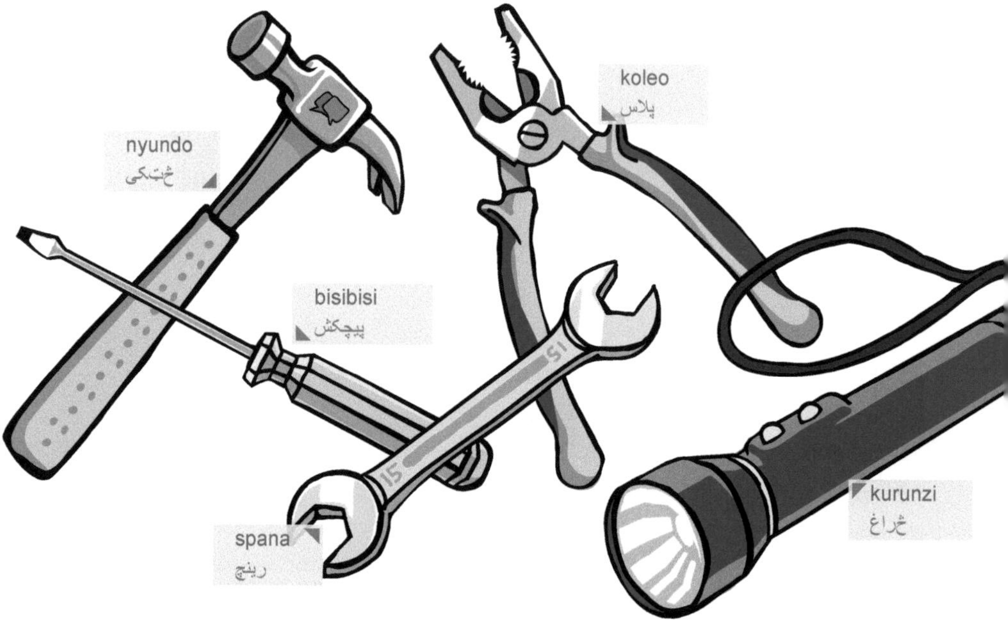

nyundo
څټکی

koleo
پلاس

bisibisi
پیچکش

spana
رینچ

kurunzi
 څراغ

mchimbaji

کنستونکی

sanduku la vifaa

د لوازمو بکس

ngazi

زینه

msumeno

اره

misumari

میخونه

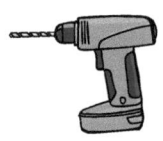

kuchimba visima

برمه

kukarabati

ترميم کول

sepetu

بيل

Lo!

لعنت!

kishikio cha uchafu

خاک انداز

chungu cha rangi

مشواڼی

skurubu

پيچونه

ala za muziki

د ميوزيک آلات

spika
لاوډ سپيکر

mpangilio wa ngoma
درم سيټ

gita
ګيتار

besi mara mbili
کنټرباس

tarumbeta
ترومپيټ

piano

پیانو

fidla

وايلن

ubeji

باس

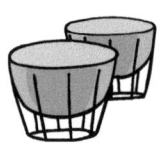

timpani

نغاره

ngoma

درمونه

kibodi

کي بورد

saksafoni

سیکسافون

filimbi

شپیلی

maikrofoni

مایکروفون

bustani ya wanyama

ژوبڼ

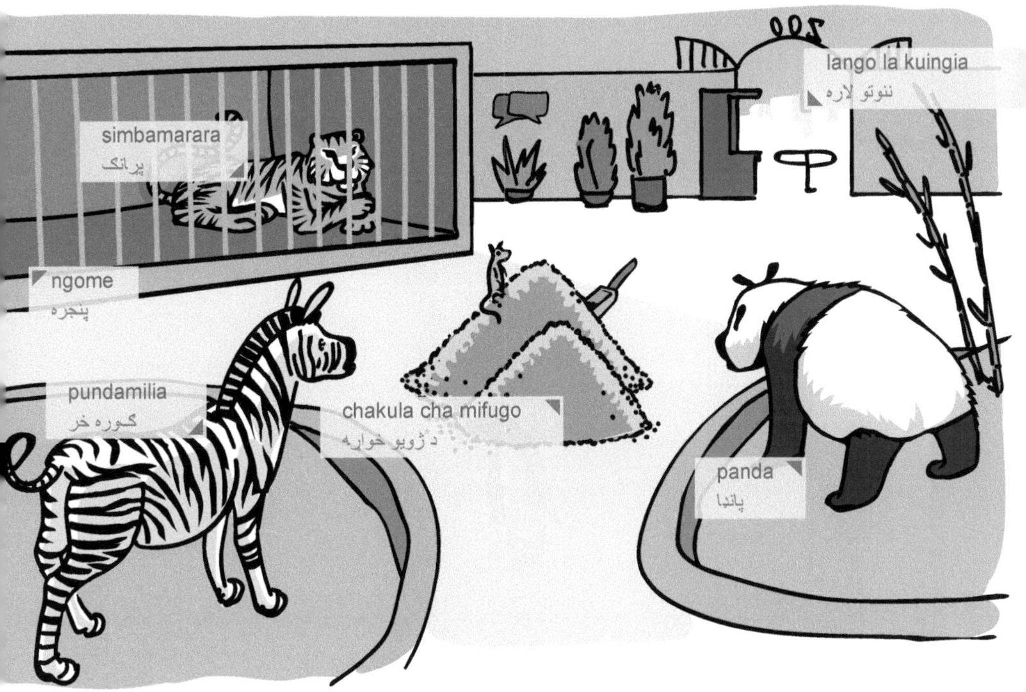

lango la kuingia
ننوتو لاره
simbamarara
پړانګ
ngome
پنجره
pundamilia
ګوره خر
chakula cha mifugo
د ژويو خواړه
panda
پاندا

wanyama
ژوی

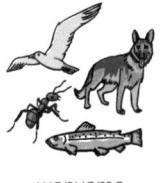

tembo
هاتي

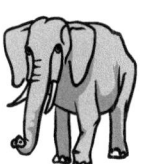

kangaruu
کنګرو

kifaru
د اوبو اسپ

sokwe
ګوريلا

dubu
ايږه

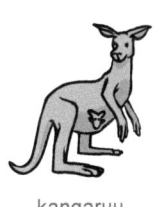

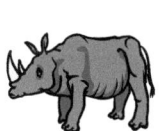

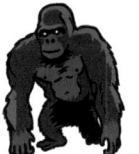

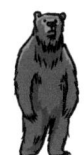

ngamia

اوش

mbuni

شترمرغ

simba

زمرى

tumbili

بيزو

heroe

غزى

kasuku

طوطي

dubu

قطبي ايره

penguini

پينگوين

papa

شارک

tausi

طاوس

nyoka

مار

mamba

تمساح

mtunza wanyama

ژوبن ساتونکى

muhuri

سيل

jaguar

جگوار

mwanafarasi

یابو

chui

پرانگ

kiboko

هیپو

twiga

زرافه

tai

باز

nguruwe mwitu

نرخوگ

samaki

کب

kobe

شمشتی

sili

سمندري نولی

mbweha

گیدره

paa

هوسی

soka ya marekani
امریکایی فتبال

uendeshaji baiskeli
سایکل خغلول

tenisi
تينيس

mpira wa kikapu
باسکیتبال

kuogelea
لامبو

ndondi
باکسینگ

magongo ya barafuni
د کنګل هاکي

soka
....
فتبال

vinyoya
....
کسیزه

riadha
....
د خُغاستی لوبی

mpira wa mikono
....
د هندبال

skii
....
سکي

polo
....
پولو

cheka
خندل

kuruka
ټوپ وهل

kumbatia
غاړه ورکول

kutembea
ګرځېدل

kuimba
سندري ويل

ota ndoto
خوب ليدل

kuomba
عبادت کول

busu
مچو کول

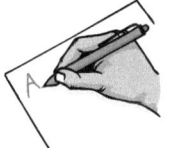

kuandika

لیکل

kuteka

کښنل

angalia

برودل

sukuma

ټېله کول

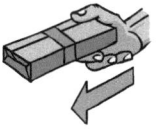

kutoa

ورکول

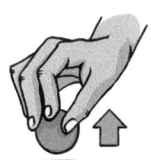

kuchukua

اخیستل

kuwa

درلودل

fanya

کول

kuwa

پاييدل

kusimama

ودريدل

kukimbia

منډي وهل

vuta

راکښل

kutupa

گوزارل

kuanguka

لويدل

hadaa

ځملاستل

kusubiri

انتظار کول

kubeba

وړل

kukaa

کښيناستل

vaa nguo

پوښاک اغوستل

usingizi

ويده کيدل

kuamka

پاڅيدل

kuangalia

کتل

lia

ژړل

kiharusi

بريد کول

chana nywele

ږمنځ کول

ongea

خبري کول

kuelewa

پوهيدل

kuuliza

غوښتل

kusikiliza

اوريدل

kunywa

څښل

kula

خورل

nadhifisha

پاکول

upendo

مينه کول

mpishi

پخلی کول

gari

موټر چلول

kuruka

الوتل

meli

بیری چلول

kokotoa

حساب

kusoma

لوستل

kujifunza

زده کول

kazi

کار کول

kuoa

واده کول

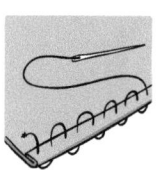

kushona

کنډل

piga mswaki

د غاښونو برس کول

kuua

وژل

moshi

سکرټ څښل

kutuma

لیږل

bibi
نیا

babu
نیکه

baba
پلار

mama
مور

mtoto
ماشوم

binti
لور

bin
زوی

mgeni

میلمه

shangazi

ترور

mjomba

کاکا/ماما

kaka

ورور

dada

خور

mwili

بدن

paji la uso
تندی
jicho
سترګې
bega
اوږه
kidole
ګوته
uso
مخ
kidevu
زنه
mkono
لاس
matiti
سینه
mguu
پښه
mkono
مټ

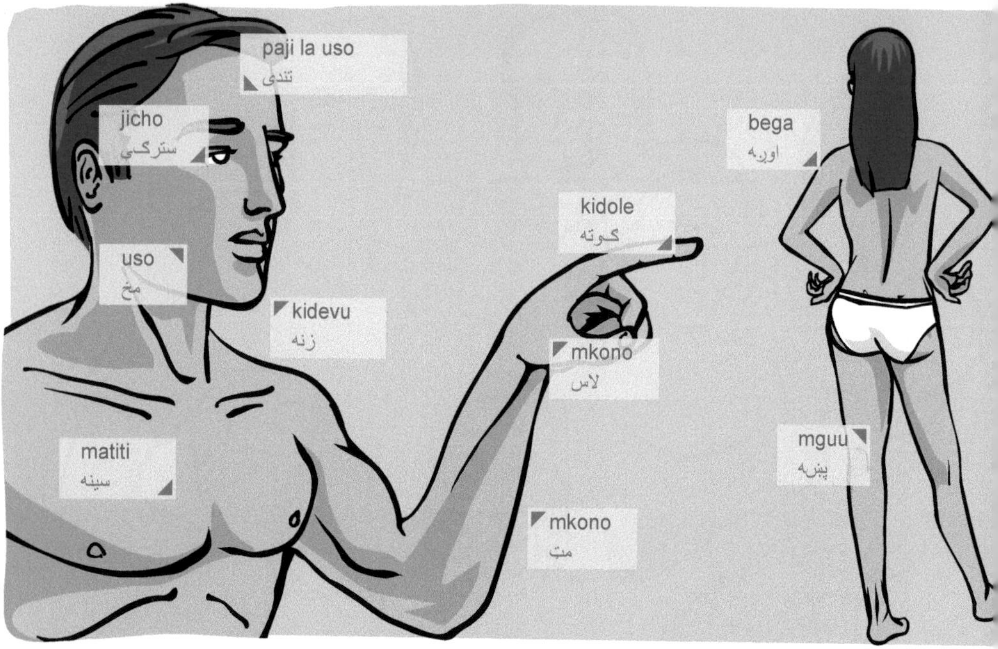

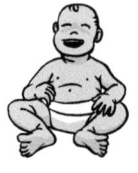

mtoto

ماشوم

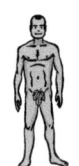

mwanamume

سړی

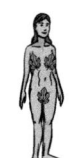

mwanamke

ښځه

msichana

انجلۍ

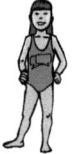

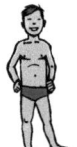

mvulana

هلک

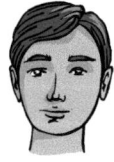

kichwa

سر

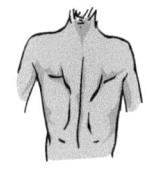

nyuma

شا

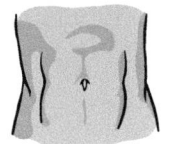

tumbo

خيټه

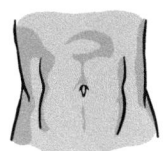

kitovu

نوم

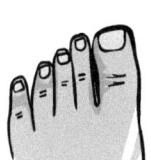

chano

د پښۍ ګوته

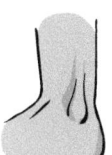

kisigino

پونده

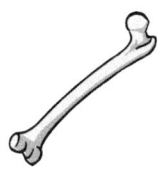

mfupa

هډوکی

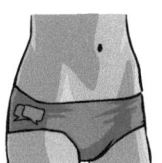

nyonga

کوناټۍ

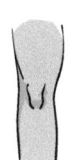

goti

زنګون

kiwiko

څنګل

pua

پوزه

chini

لاندی برخه

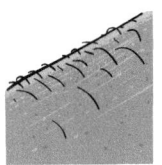

ngozi

پوټتکی

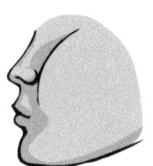

shavu

غومبوری

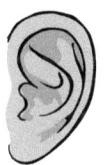

sikio

غوږ

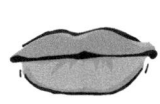

mdomo

ثونډه

kinywa

خوله

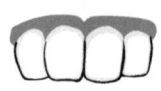

jino

غاښ

ulimi

ژبه

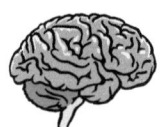

ubongo

مغز

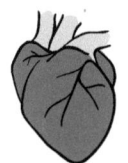

moyo

زړه

misuli

عضله

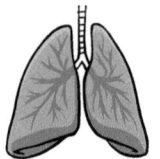

pafu

سږی

ini

ځيګر

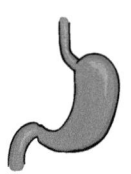

tumbo

معده

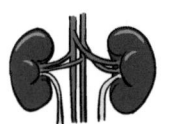

figo

پښتورګي

jinsia

جنسي نژدي والی

kondomu

کاندوم

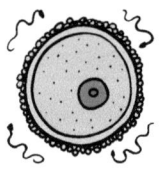

ovari

تخمه

shahawa

مني

mimba

حمل

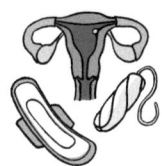

hedhi

حيض

uke

مهبل

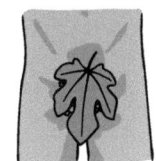

uume

د نارينه تناسلي آله

unyusi

وروځی

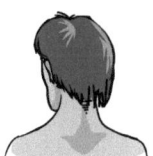

nywele

ويښته

shingo

غاړه

hospitali
روغتون

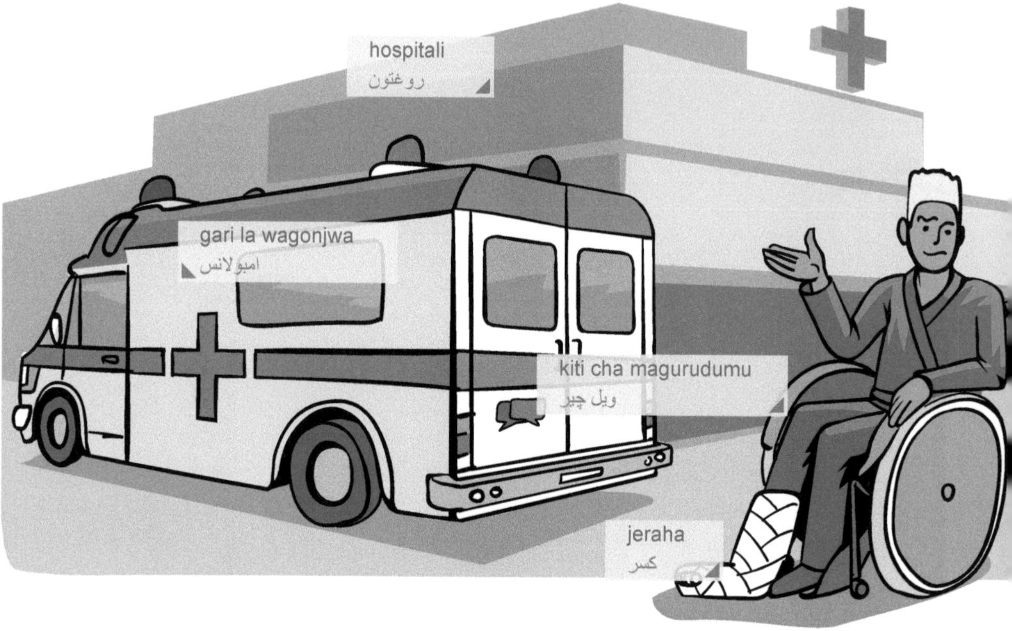

hospitali
روغتون
gari la wagonjwa
امبولانس
kiti cha magurudumu
ویل چیر
jeraha
کسر

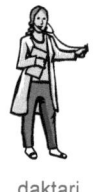

daktari
ډاکټر

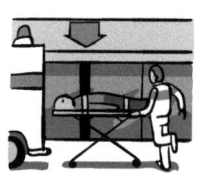

chumba cha dharura
عاجل خونه

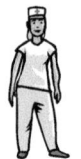

muuguzi
رنځورپال

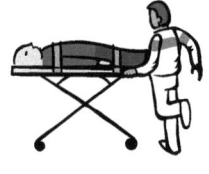

dharura
عاجل

kupoteza fahamu
بې هوش

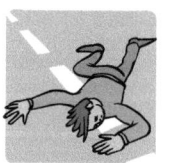

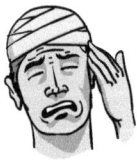

maumivu
درد

kuumia

ټپ

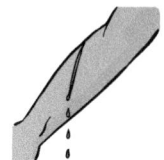

kutokwa na damu

ولينه تويدل

mshtuko wa moyo

د زره حمله

kiharusi

ضرب

mzio

حساسیت

kikohozi

ټوخی

homa

تبه

mafua

انفلوینزا

kuharisha

نس ناستی

maumivu ya kichwa

سر درد

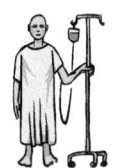

kansa

سرطان

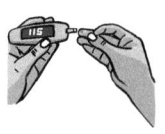

ugonjwa wa kisukari

شکر

daktari mpasuaji

جراح

kisu kidogo cha kupasulia

سکالپل

operesheni

عملیات

picha changanufu ya mwili

سیۍ.ڼتي

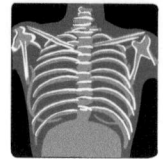

Eksrei

ایکس رې

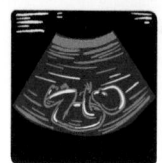

mawimbi sauti

التّراساوند

barakoa ya uso

د مخ ماسک

ugonjwa

ناروغي

chumba cha kusubiri

انتظار خونه

mkongojo

امسأ

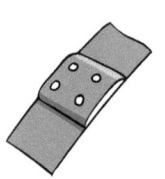

plasta

پلستر

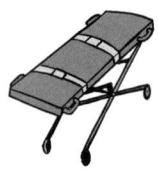

bendeji

بنداژ

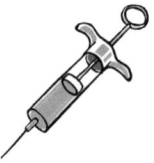

sindano

تزریق

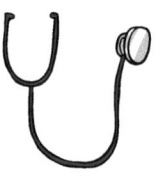

stetoskopu

ستاتسكوپ

machela

تسكیره

kipimajoto cha kliniki

كلینكي ترماميتر

kuzaliwa

زیږون

unene kupita kiasi

زیات وزن

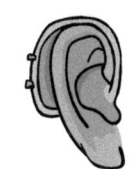

kusikia misaada

د اوريدو مرسته

kipukusi

د عفونيت ځخه پاکونکي مواد

maambukizi

عفونيت

virusi

ويروس

VVU / UKIMWI

ايچ.آي.وي/ايدز

dawa

درمل

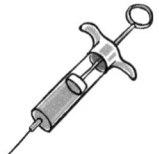

chanjo

واکسين

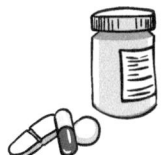

vidonge

ټابليټس

kidonge

کولۍ

simu ya dharura

عاجل تليفون

haemodainamometa

د ويني د فشار څارونکی

mgonjwa / mwenye afya

ناروغ/روغ

kengele

الارم

pigo

يرغل

Msaada!

مرستة!

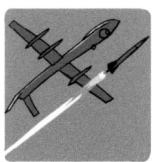

shambulizi

بريد

hatari

خطر

lango la dharura

عاجل لاره

Moto!

اور!

kizima moto

د اور وژونكى

ajali

پېښه

vifaa vya huduma ya kwanza

د لومړى مرستي لوازم

wito wa msaada

ايس.او.ايس

polisi

پوليس

Ulaya

اروپا

Amerika ya Kaskazini

شمالي امريکا

Amerika ya Kusini

سهيلي امريکا

Afrika

افريقا

Asia

آسيا

Australia

آستّريليا

Atlantiki

اتلانتيک

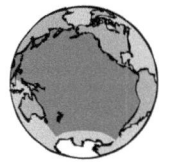

Pasifiki

پاسيفيک

Bahari ya Hindi

د هند بحر

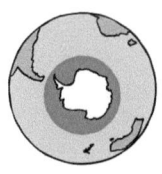

Bahari ya Antaktiki

جنوبي منجمد بحر

Bahari ya Aktiki

د شمال قطب بحر

Ncha ya Kaskazini

شمالي قطب

Ncha ya Kusini

سهيلي قطب

Antaktika

انتارکتيکا

dunia

ځمکه

nchi

ځمکه

bahari

بحر

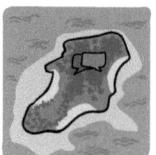

kisiwa

تپو

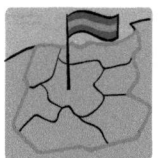

taifa

ملت

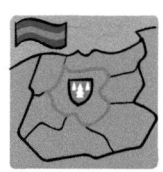

jimbo

دولت

uso wa saa

د مخي ساعت

akrabu ya saa

د ساعت ستنه

akrabu ya dakika

د دقیقي ستنه

akrabu ya sekunde

د ثانیی ستنه

Ni saa ngapi?

څه وخت دی؟

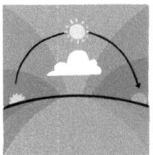

siku

ورځ

wakati

وخت

sasa

اوس

saa ya dijitali

ډیجیټل ساعت

dakika

دقیقه

saa

ساعت

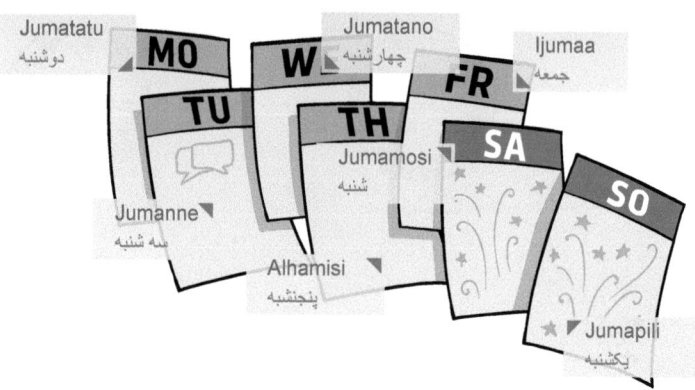

Jumatatu
دوشنبه
MO

Jumatano
چهارشنبه
W

Ijumaa
جمعه
FR

TU

TH

SA

Jumamosi
شنبه

SO

Jumanne
سه شنبه

Alhamisi
پنجشنبه

Jumapili
یکشنبه

jana

پرون

leo

نن

kesho

سبا

asubuhi

سهار

saa sita mchana

غرمه

jioni

ماښام

MO	TU	WE	TH	FR	SA	SU
1	2	3	4	5	6	7
8	9	10	11	12	13	14
15	16	17	18	19	20	21
22	23	24	25	26	27	28
29	30	31	1	2	3	4

siku za biashara

کاري ورځي

MO	TU	WE	TH	FR	SA	SU
1	2	3	4	5	6	7
8	9	10	11	12	13	14
15	16	17	18	19	20	21
22	23	24	25	26	27	28
29	30	31	1	2	3	4

mwishoni mwa wiki

د اونۍ پای

mwaka

کال

mvua
باران
upinde wa mvua
رنګین کمان
theluji
واوره
upepo
باد
majira ya machipuko
پسرلی
vuli
منی
kiangazi
اوړی
majira ya baridi
ژمی

4.APRIL 11°
5.APRIL 4°
6.APRIL 13°
7.APRIL 8°
8.APRIL 10°

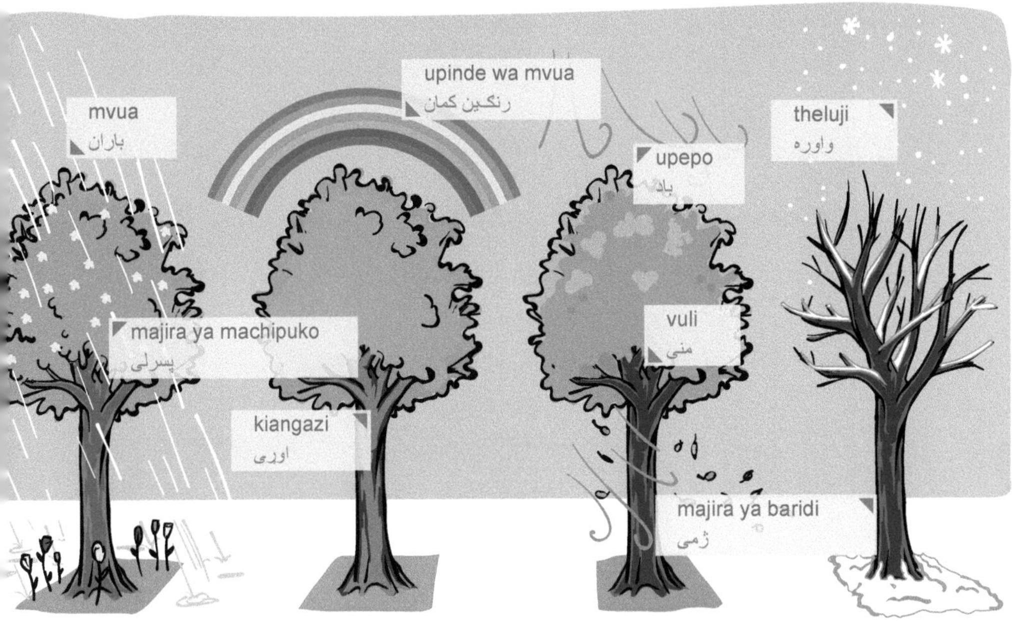

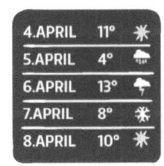

utabiri wa hali ya hewa

د موسم وړاندوینه

F C
120 40
90 30
60 20
30 10
0 0
-30 -10
-20

kipimajoto

ترمومیټر

mwanga wa jua

د لمر وړانګې

wingu

وریځ

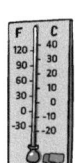

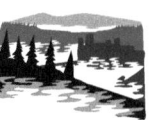

ukungu

لړه

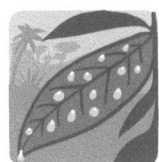

unyevu

رطوبت

umeme

رنا

radi

تندر

dhoruba

توفان

mvua ya mawe

برلی وریدل

monsuni

مون سون باران

mafuriko

سیلاب

barafu

یخ

Januari

جنوري

Februari

فبروري

Machi

مارچ

Aprili

اپریل

Mei

می

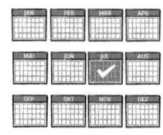

Juni

جون

Julai

جولای

Agosti

اگست

Septemba

سپتمبر

Oktoba

اكتوبر

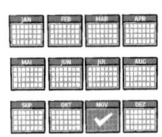

Novemba

نومبر

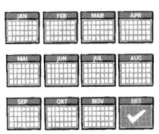

Desemba

دسمبر

mduara

دايره

mraba

مربع

mstatili

مستطيل

pembetatu

مثلث

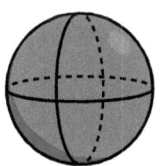

nyanja

توپ

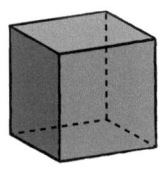

mchemraba

فال

nyeupe

سپین

manjano

ژیړ

chungwa

نارنجي

rangi ya waridi

ګلابي

nyekundu

سور

hudhurungi

ارغواني

bluu

نیلي

kijani

شین

hanja

نسواري

jivujivu

خړ

nyeusi

تور

mengi / kidogo

خورا ډير/خورا لږ

hasira / pole

قار/ارام

nzuri / mbaya

ښکلى/بدشكله

mwanzo / mwisho

پيل/پاى

kubwa / ndogo

لوى/كوچنى

angavu / giza

روښانه/تياره

kaka / dada

ورور/خور

safi / chafu

پاك/ككر

kamilika / tokamilika

مكمل/نامكمل

siku / usiku

ورځ/شپه

wafu / hai

مړ/ژوندى

pana / nyembamba

پراخه/نرى

kulika / kutolika

د خوراک وړ/نه خوړل کیدونکی

ovu / ema

بد/مهربان

sisimkwa / udhika

پاریدلی/بی خونده

nene / nyembamba

چاق/لوچ

kwanza / mwisho

لومړی/وروستی

rafiki / adui

ملگری/دښمن

jaa / tupu

ډک/تش

ngumu / laini

سخت/نرم

nzito / nyepesi

دروند/سپک

njaa / kiu

لوږه/تنده

mgonjwa / mwenye afya

ناروغ/روغ

haramu / kisheria

غیرقانونی/قانونی

akili / kijinga

هوښیار/ساده

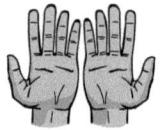

kushoto / kulia

کین/ښی

karibu / mbali

نژدی/لری

mpya / kutumika

نوﯦ/زور

kitu / jambo

ﮬﯦﺦ/ﯦﻮﺦﮬ

zee / changa

ﺑﺪا/ﺧﻮان

waka / zima

ﭼﺎﻻﮐ/ﺑﻨﺪ

wazi / fungwa

ﺧﻼﺻﺪ/ﺗﺮﻟﯽ

utulivu / kelele

ﻏﻠﯦﺪﻟﻮر ﻏﺮ

tajiri / masikini

ﺑﺪاﯦﮫ/ﻏﺮﯦﺐ

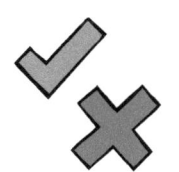

sahihi / kosa

ﺻﺤﯦﮏ/ﻏﻠﻂ

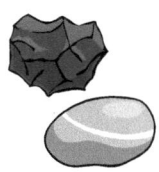

mbaya / laini

زﯦﺮ/ﻣﻼﯦﻢ

huzunika / furahia

ﺧﻔﮫ/ﺧﻮﺑﺶ

fupi /ndefu

ﻟﻨﺪ/اورﺪ

polepole / haraka

ﺳﺴﺖ/ﮐﺮﻧﺪﯼ

nyevu / kavu

ﻟﻮﻧﺪ/اوﭺ

joto / baridi

ﮐﺮﻣﮫ/ﯦﺦ

vita / amani

ﺟﮕﺮﮬ/اﺳﻮﻟﮫ

0	**1**	**2**
sufuri	moja	mbili
صفر	يو	دوه
3	**4**	**5**
tatu	nne	tano
دري	ځلور	پنځه
6	**7**	**8**
sita	saba	nane
شپږ	اوه	اته
9	**10**	**11**
tisa	kumi	kumi na moja
نهه	لس	يولس

12

kumi na mbili

سل دو

13

kumi na tatu

سل ديار

14

kumi na nne

سل څوار

15

kumi na tano

سل پنځه

16

kumi na sita

سل شپاړس

17

kumi na saba

سل وو

18

kumi na nane

سل اتل

19

kumi na tisa

سل نو

20

ishirini

شل

100

mia

سل

1.000

elfu

زر

1.000.000

milioni

ميليون

Kiingereza

انگلسي

Kiingereza cha Marekani

امريكايى انگلسي

Kimandarini cha Uchina

چينايى مندرين

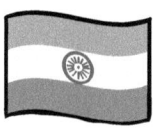

Kihindi

هندي

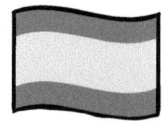

Kihispania

هسپانوي

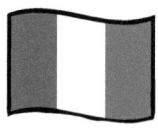

Kifaransa

فرانسوي

Kiarabu

عربي

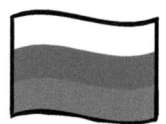

Kirusi

روسي

Kireno

پرتگالي

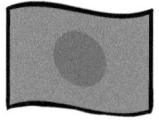

Kibengali

بنگالي

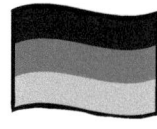

Kijerumani

ألماني

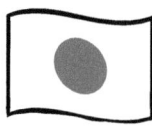

Kijapani

جاپاني

mimi

زه

wewe

ته

yeye / yeye / ni

هغه/دغه/دا

sisi

موږ

wewe

تاسي

wao

دوى/هغوى

nani?

څوک؟

nini?

څه؟

jinsi gani?

څنګه؟

wapi?

چيري؟

lini?

کله؟

jina

نوم

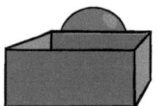

nyuma

شاته

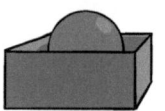

katika

په

mbele ya

په مخه کي

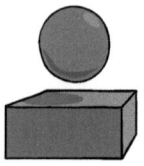

juu ya

باندي

kwenye

په

chini ya

لاندي

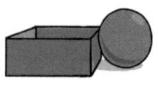

kando

برسيره پر

kati

ترمينځ

mahali

ځای